Impressum
Verlag: BABADADA GmbH, Nedderfeld 112 , 22529 Hamburg
Geschäftsführer / Verlagsleitung: Harald Hof
Druck: Books on Demand GmbH, In de Tarpen 42, 22848 Norderstedt

Imprint
Publisher: BABADADA GmbH, Nedderfeld 112 , 22529 Hamburg, Germany
Managing Director / Publishing direction: Harald Hof
Print: Books on Demand GmbH, In de Tarpen 42, 22848 Norderstedt, Germany

escola

学校

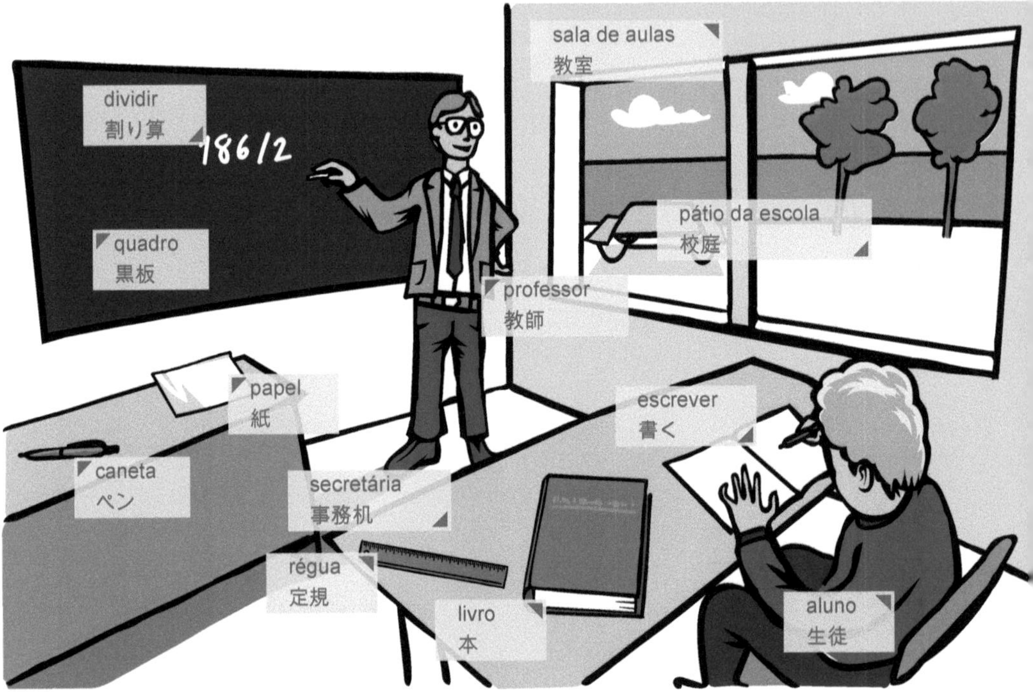

sala de aulas
教室
dividir
割り算
186/2
quadro
黒板
pátio da escola
校庭
professor
教師
papel
紙
escrever
書く
caneta
ペン
secretária
事務机
régua
定規
livro
本
aluno
生徒

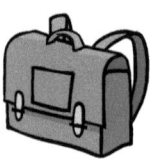

mochila
ランドセル

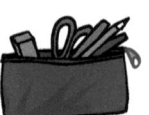

estojo de lápis
筆入れ

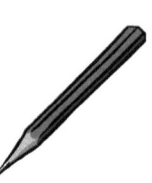

lápis
鉛筆

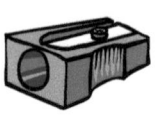

afia-lápis
鉛筆削り

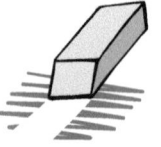

borracha
消しゴム

bloco de desenho
スケッチブック

desenho
スケッチ

pincel
絵筆

caixa de tintas
絵の具箱

tesoura
はさみ

cola
接着剤

livro de exercícios
練習帳

trabalhos de casa
宿題

número
数

somar
足し算

subtrair
引き算

multiplicar
かけ算

calcular
計算する

letra
文字

alfabeto
アルファベット

palavra
単語

texto
テキスト

ler
読む

giz
チョーク

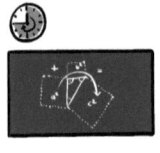

hora
授業

registo de presenças
学級日誌

exame
試験

certificado
通知表

uniforme escolar
制服

educação
教育

enciclopédia
百科事典

universidade
大学

microscópio
顕微鏡

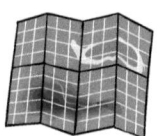

mapa
地図

cesto de lixo
ごみ箱

viagem
旅行

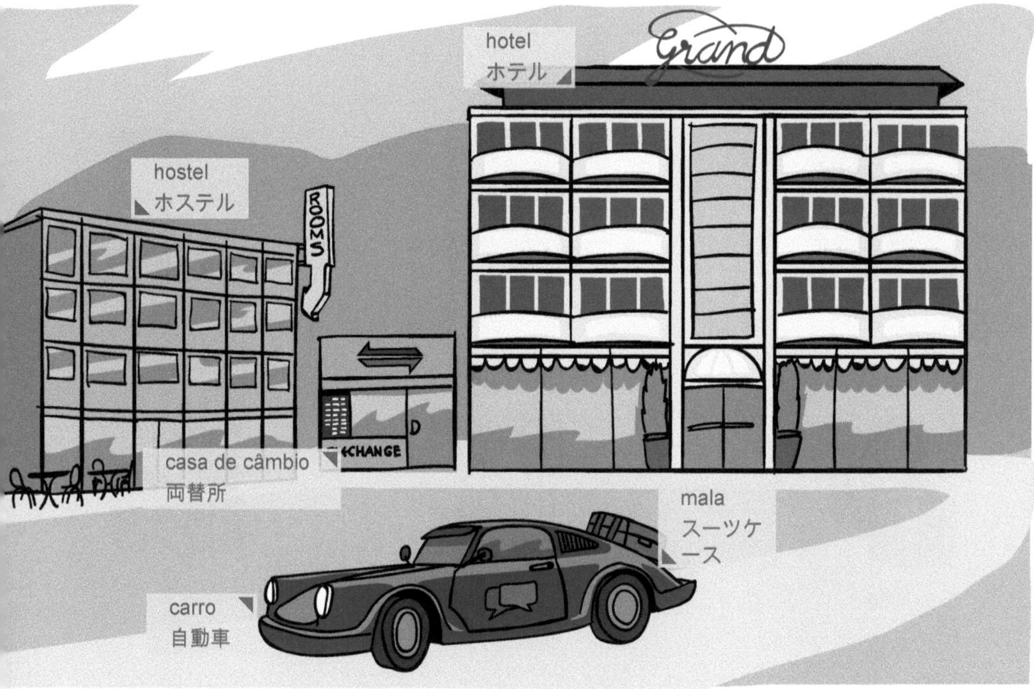
Grand
hotel
ホテル
hostel
ホステル
ROOMS
EXCHANGE
casa de câmbio
両替所
mala
スーツケース
carro
自動車

idioma

言語

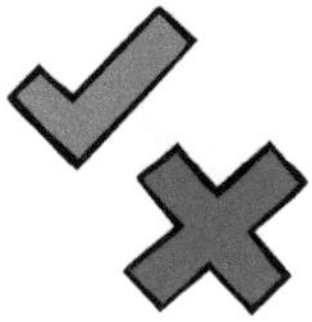

sim / não

はい / いいえ

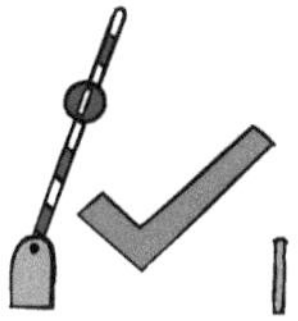

ok / certo / correto

問題ない

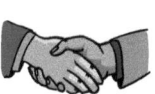

olá

ハロー

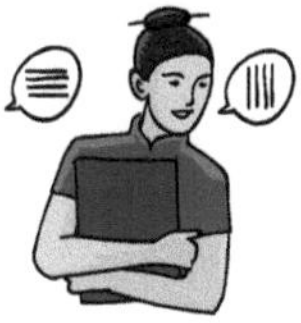

intérprete

翻訳者

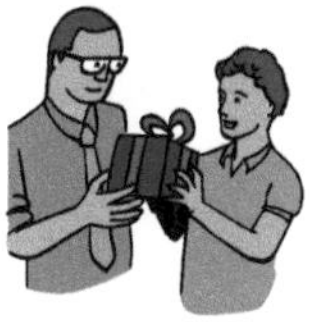

obrigado

ありがとう

quanto é que custa... ?

...はいくらですか？

não entendo

わかりません

problema

問題

boa noite!

こんばんは！

Bom dia!

おはようございます！

Boa noite!

おやすみなさい！

adeus

さようなら

direção

方向

bagagem

手荷物

saco

バッグ

mochila

リュックサック

convidado

お客様

quarto

部屋

saco-cama

寝袋

tenda

テント

informação turística

旅行者情報

praia

ビーチ

cartão de crédito

クレジットカード

pequeno-almoço

朝食

almoço

昼食

jantar

夕食

bilhete

チケット

elevador

エレベーター

selo postal

スタンプ

fronteira

境界

alfândega

税関

embaixada

大使館

visto

ビザ

passaporte

パスポート

transporte
輸送

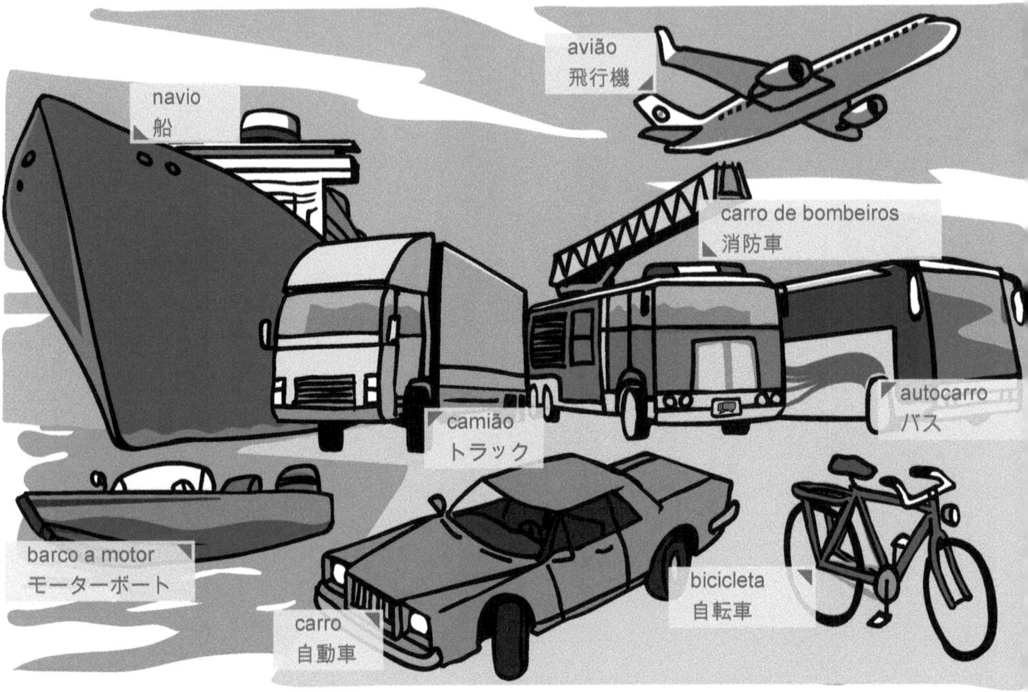

avião
飛行機
navio
船
carro de bombeiros
消防車
autocarro
バス
camião
トラック
barco a motor
モーターボート
bicicleta
自転車
carro
自動車

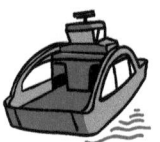

cacilheiro
フェリー

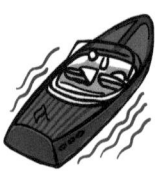

barco
ボート

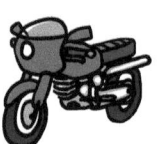

mota
バイク

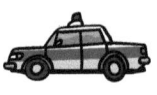

carro de polícia
パトカー

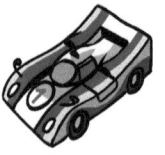

carro de corrida
レーシングカー

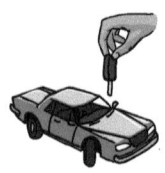

carro alugado
レンタカー

carsharing

カーシェアリング

camião de reboque

レッカー車

camião do lixo

ごみ収集車

motor

モーター

combustível

燃料

estação de serviço

ガソリンスタンド

sinal de trânsito

交通標識

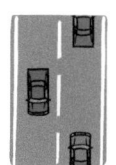

trânsito

交通

congestionamento de trânsito

渋滞

parque de estacionamento

駐車場

estação ferroviária

駅

carris

道

comboio

列車

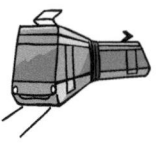

elétrico

路面電車

carruagem

車両

helicóptero

ヘリコプター

aeroporto

空港

torre

タワー

passageiro

乗客

contentor

コンテナ

caixa de papelão

段ボール箱

carrinho

カート

cesto

カゴ

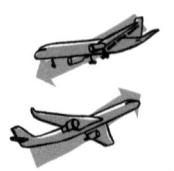

levantar voo / aterrar

離陸 / 着陸

cidade
都市

aldeia

村

centro da cidade

都心

casa

家

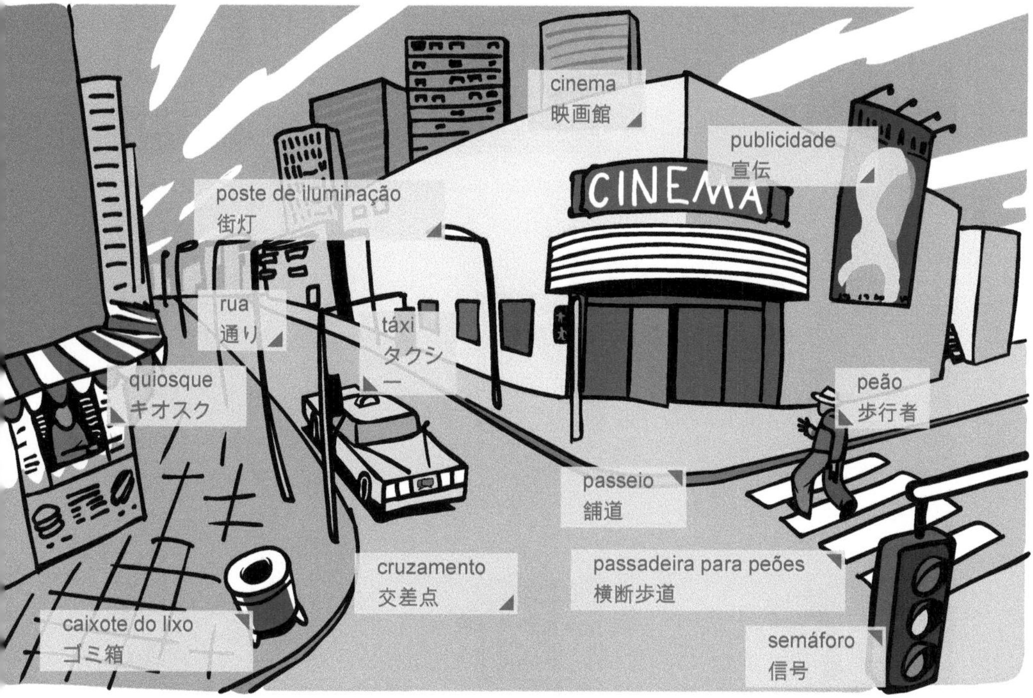

cinema
映画館
publicidade
宣伝
CINEMA
poste de iluminação
街灯
rua
通り
táxi
タクシー
quiosque
キオスク
peão
歩行者
passeio
舗道
cruzamento
交差点
passadeira para peões
横断歩道
caixote do lixo
ゴミ箱
semáforo
信号

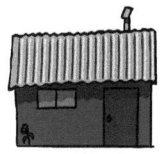

cabana
小屋

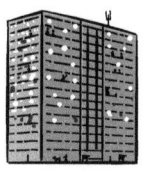

apartamento
アパート

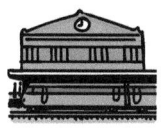

estação ferroviária
駅

câmara municipal
市役所

MUSEUM

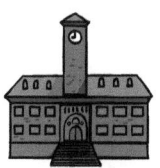

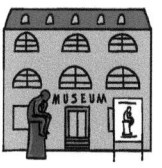

museu
美術館

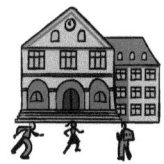

escola
学校

universidade

大学

banco

銀行

hospital

病院

hotel

ホテル

farmácia

薬局

escritório

オフィス

livraria

書店

loja

ショップ

florista

花屋

supermercado

スーパーマーケット

mercado

市場

loja de departamentos

デパート

peixaria

魚屋

centro comercial

ショッピングセンター

porto

港

parque

公園

banco

ベンチ

ponte

橋

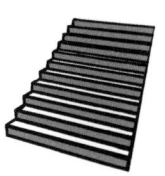

escadas

階段

metro

地下鉄

túnel

トンネル

paragem de autocarro

バス停

bar

バー

restaurante

レストラン

caixa de correio

ポスト

sinal de trânsito

道路標識

parquímetro

パーキングメーター

jardim zoológico

動物園

piscina

スイミングプール

mesquita

モスク

quinta

農場

poluição

汚染

cemitério

墓地

igreja

教会

parque infantil

遊び場

templo

寺

paisagem

風景

folha
葉

placa de sinalização
道標

caminho
道

prado
草地

pedra
石

árvore
木

caminhantes
ハイカー

rio
川

relva
草

flor
花

vale

谷

montanha

山

lago

湖

floresta

森

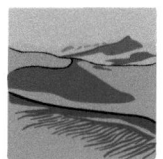

deserto

砂漠

vulcão

火山

castelo

城

arco-íris

虹

cogumelo

キノコ

palma

ヤシの木

mosquito

蚊

mosca

ハエ

formiga

蟻

abelha

ミツバチ

aranha

クモ

besouro

カブトムシ

sapo

蛙

esquilo

リス

ouriço

ハリネズミ

lebre

ウサギ

coruja

フクロウ

pássaro

鳥

cisne

白鳥

javali

雄豚

veado

鹿

alce

ヘラジカ

barragem

ダム

turbina eólica

風力タービン

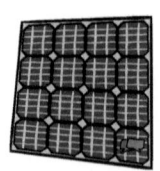

painel solar

ソーラーパネル

clima

気候

restaurante
レストラン

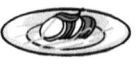

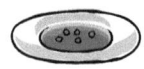

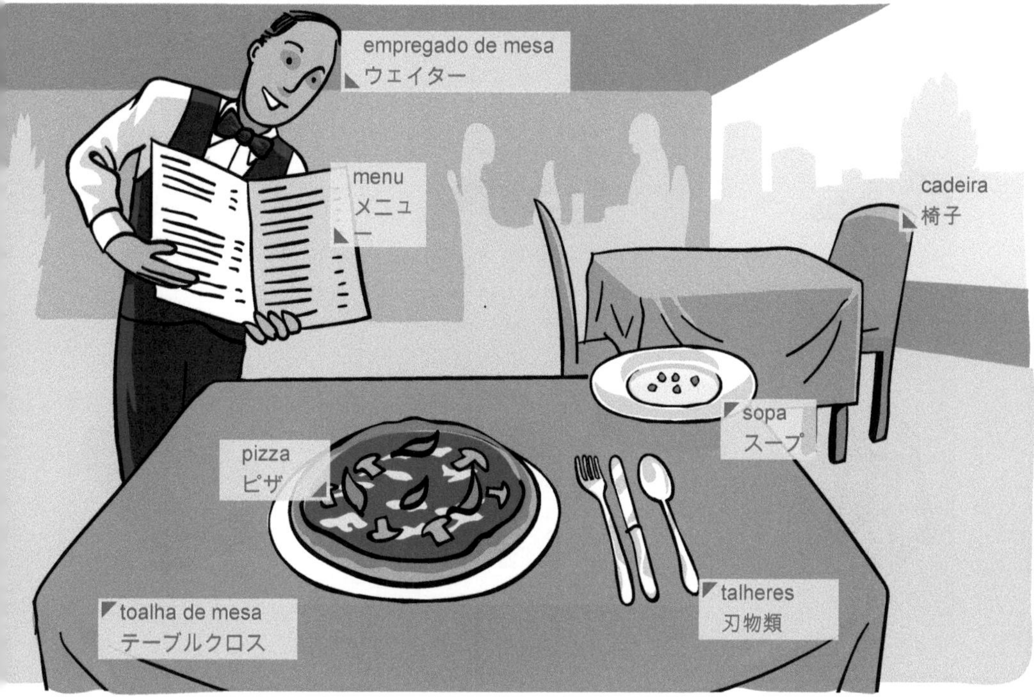

empregado de mesa
ウェイター
menu
メニュ
ー
cadeira
椅子
sopa
スープ
pizza
ピザ
talheres
刃物類
toalha de mesa
テーブルクロス

entrada

前菜

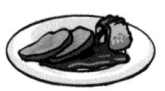

prato principal

メインコース

sobremesa

デザート

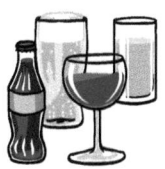

bebidas

飲み物

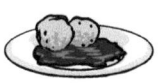

comida

食べ物

garrafa

ボトル

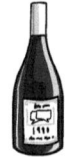

fast food

ファストフード

comida de rua

屋台の食べ物

bule de chá

ティーポット

açucareiro

砂糖入れ

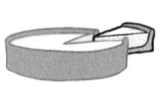

porção

一人前

máquina de café expresso

エスプレッソマシン

cadeira alta

幼児用食事椅子

conta

請求書

bandeja

トレー

faca

ナイフ

garfo

フォーク

colher

スプーン

colher de chá

ティースプーン

guardanapo

ナプキン

copo

グラス

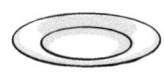

prato

皿

prato de sopa

スープ皿

pires

受け皿

molho

ソース

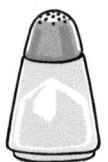

saleiro

塩入れ

moinho de pimenta

ペッパーミル

vinagre

酢

óleo

油

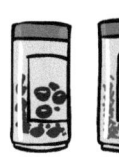

especiarias

スパイス

ketchup

ケチャップ

mostarda

マスタード

maionese

マヨネーズ

supermercado
スーパーマーケット

oferta especial
特価品
FOR
cliente
顧客
laticínios
乳製品
fruta
果物
carrinho de compras
ショッピング・カート

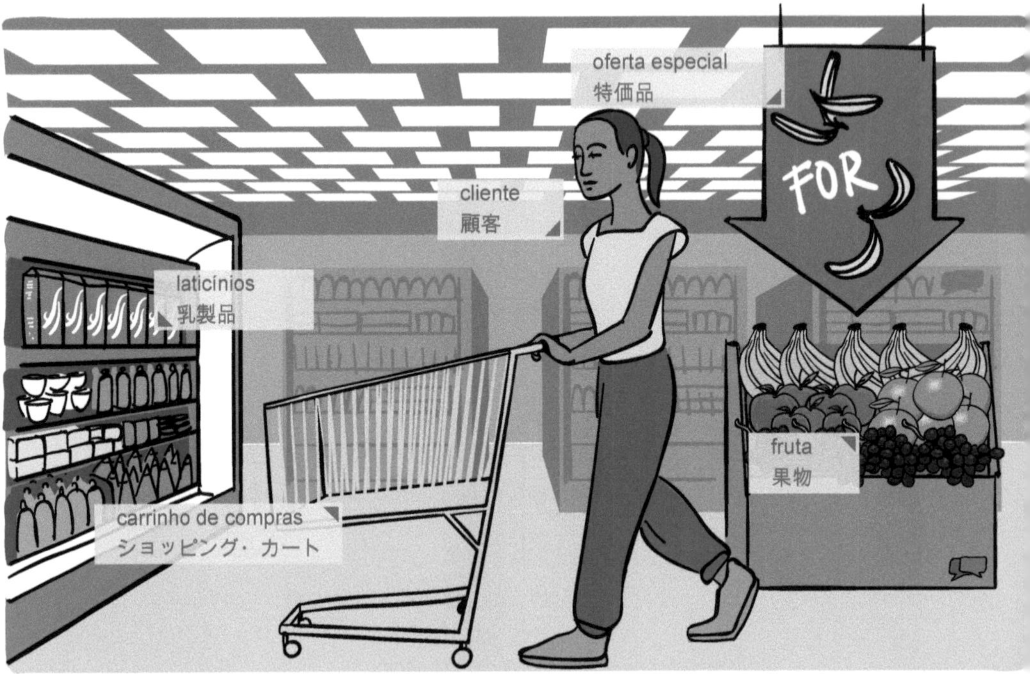

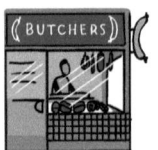

BUTCHERS

talho
肉屋

BAKERY

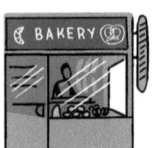

padaria
パン屋

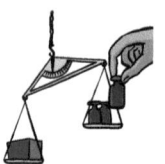

pesar
重さをはかる

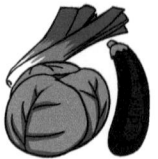

vegetais
野菜

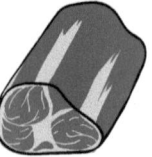

carne
肉

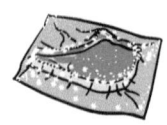

alimentos congelados
冷凍食品

charcutaria

冷肉の薄切り

comida enlatada

缶詰食品

detergente em pó

洗剤

doces

菓子

artigos domésticos

家庭用品

produtos de limpeza

清掃用品

vendedora

販売員

caixa

現金箱

caixa

レジ係

lista de compras

買い物リスト

horário de funcionamento

開館時刻

carteira

財布

cartão de crédito

クレジットカード

saco

バッグ

saco de plástico

ポリ袋

água

水

sumo

ジュース

leite

牛乳

coca-cola

コーラ

vinho

ワイン

cerveja

ビール

álcool

アルコール

cacau

ココア

chá

紅茶

café

コーヒー

café expresso

エスプレッソ

capuccino

カプチーノ

banana

バナナ

maçã

リンゴ

laranja

オレンジ

melão

メロン

limão

レモン

cenoura

ニンジン

alho

ニンニク

bambu

竹

cebola

玉ねぎ

cogumelo

キノコ

nozes

ナッツ

talharim

ヌードル

esparguete

スパゲッティ

arroz

米

salada

サラダ

batatas fritas

フライドポテト

batatas fritas

フライドポテト

pizza

ピザ

hambúrguer

ハンバーガー

sanduíche

サンドウィッチ

bife panado

カツレツ

fiambre

ハム

salame

サラミ

salsicha

ソーセージ

galinha

鶏肉

assado

焼き

peixe

魚

flocos de aveia

麦のお粥

muesli

ムーズリ

flocos de milho

コーンフレーク

farinha

小麦粉

croissant

クロワッサン

carcaça (pãozinho)

ロールパン

pão

パン

torrada

トースト

biscoitos

ビスケット

manteiga

バター

requeijão

カッテージチーズ

bolo

ケーキ

ovo

卵

ovo estrelado

目玉焼き

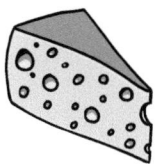

queijo

チーズ

gelado

アイスクリーム

açúcar

砂糖

mel

はちみつ

compota

ジャム

creme de nougat

ヌガークリーム

caril

カレー

quinta
農場

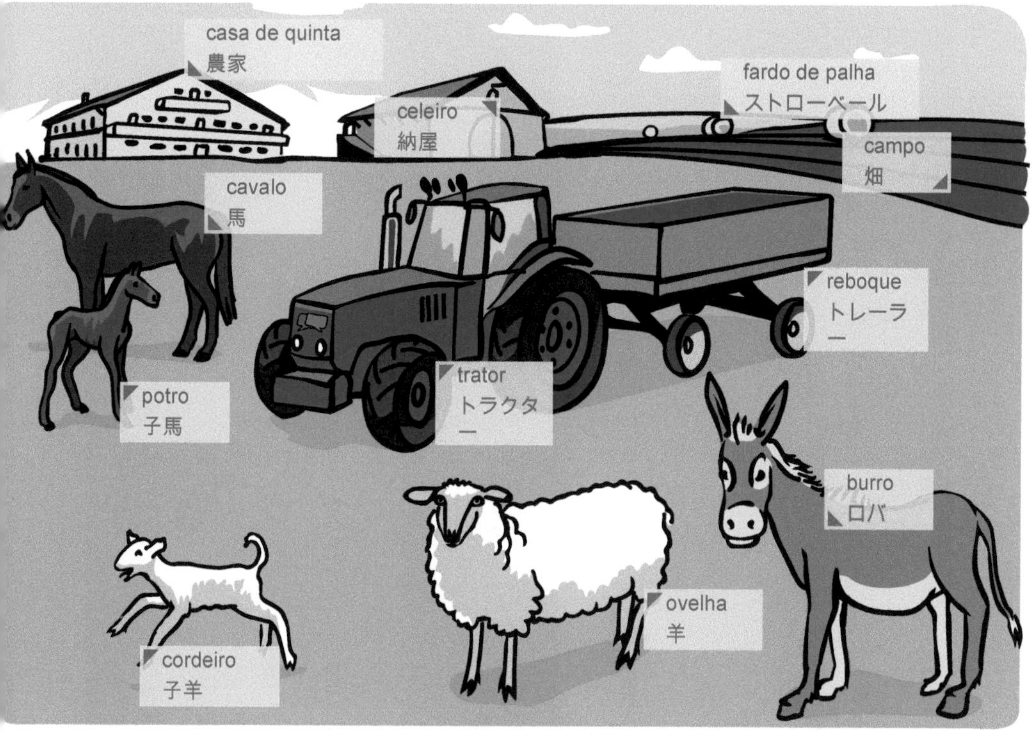

casa de quinta
農家
celeiro
納屋
fardo de palha
ストローベール
campo
畑
cavalo
馬
reboque
トレーラー
trator
トラクター
potro
子馬
burro
ロバ
ovelha
羊
cordeiro
子羊

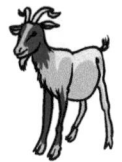

cabra
ヤギ

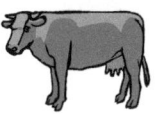

vaca
雌牛

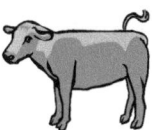

bezerro
子牛

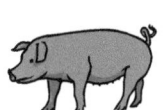

porco
豚

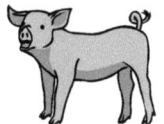

leitão
子豚

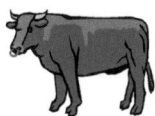

touro
雄牛

ganso

ガチョウ

pato

アヒル

pintaínho

ひよこ

galinha

にわとり

galo

おんどり

ratazana

ネズミ

gato

猫

rato

ねずみ

boi

雄牛

cão

犬

casota

犬小屋

mangueira de jardim

散水ホース

regador

じょうろ

foice

大鎌

arado

すき

foice

草刈り鎌

enxada

くわ

forquilha

堆肥用フォーク

machado

斧

carrinho de mão

手押し車

manjedoura

かいばおけ

jarro de leite

牛乳缶

saco

袋

cerca

フェンス

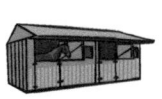

estábulo

畜舎

estufa

温室

solo

土壌

semente

種

fertilizante

肥料

ceifeira-debulhadora

コンバイン

colher

収穫する

colheita

収穫

inhame

ヤマイモ

trigo

小麦

soja

大豆

batata

じゃがいも

milho

トウモロコシ

colza

菜種

árvore de fruto

果樹

mandioca

キャッサバ

cereais

穀物

chaminé
煙突

telhado
屋根

caleira
排水管

janela
窓

garagem
車庫

campainha da porta
呼び鈴

porta
ドア

balde do lixo
ゴミ箱

caixa de correio
郵便受け

jardim
庭

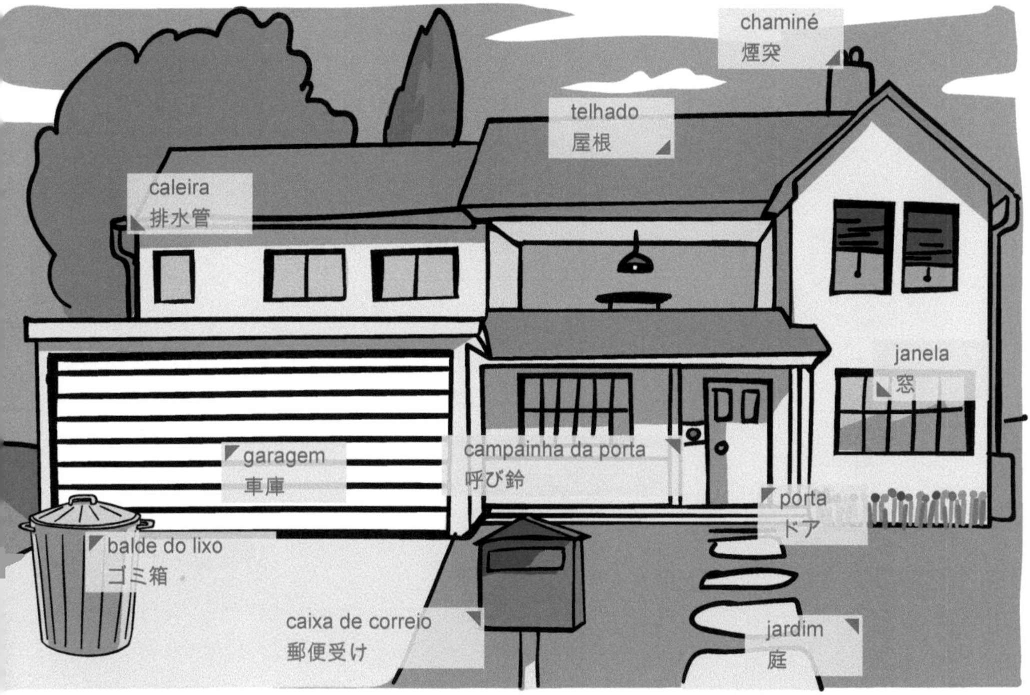

sala de estar

リビングルーム

casa de banho

浴室

cozinha

台所

quarto de dormir

寝室

quarto de criança

子供部屋

sala de jantar

ダイニング・ルーム

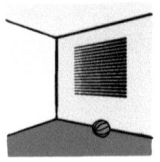

chão

床

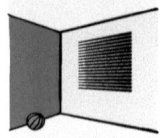

parede

壁

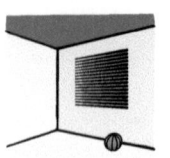

teto

天井

cave

地下貯蔵庫

sauna

サウナ

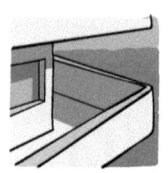

varanda

バルコニー

terraço

テラス

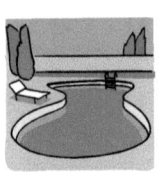

piscina

プール

máquina de cortar relvado

芝刈り機

lençol

シーツ

cobertor

ベッドカバー

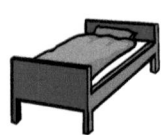

cama

ベッド

vassoura

ほうき

balde

バケツ

interruptor

スイッチ

sala de estar
リビングルーム

papel de parede
壁紙
imagem
絵
lâmpada
ランプ
prateleira
棚
armário
食器棚
televisão
テレビ
lareira
暖炉
flor
花
almofada
クッション
sofá
ソファ
vaso
花瓶
controlo remoto
リモコン

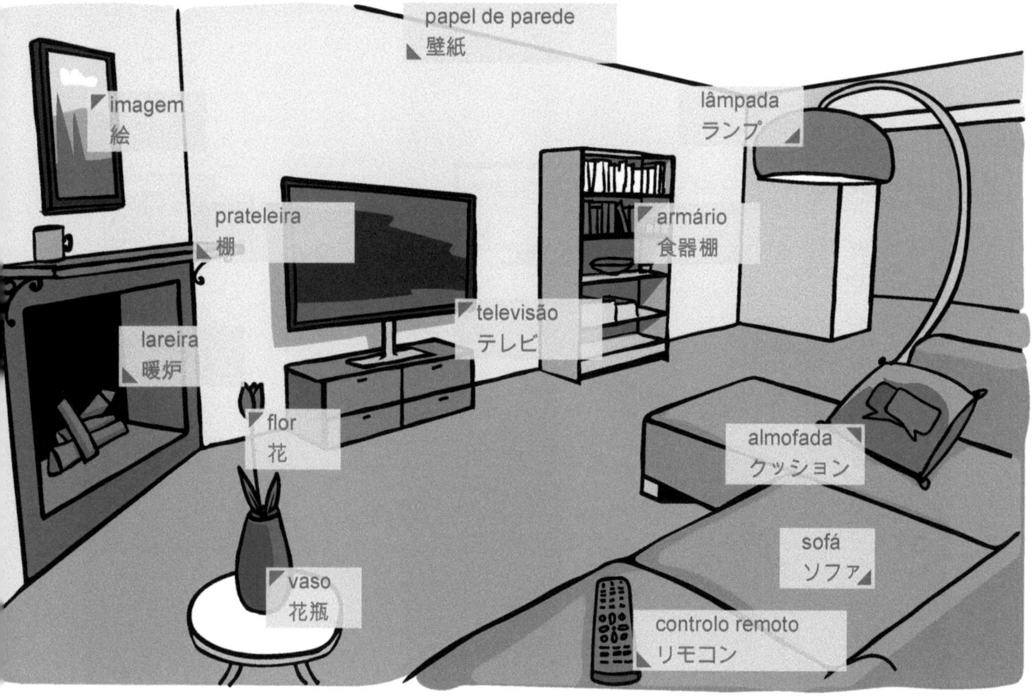

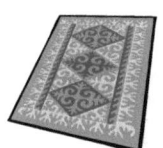

tapete
カーペット

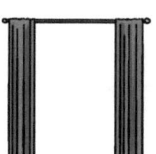

cortina
カーテン

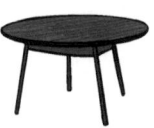

mesa
テーブル

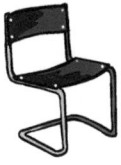

cadeira
椅子

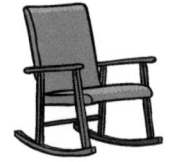

cadeira de baloiço
ロッキングチェア

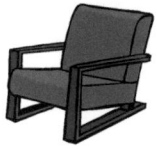

poltrona
ひじ掛け椅子

livro
本

cobertor
毛布

decoração
飾り

lenha
たきぎ

filme
映画

sistema estéreo
ステレオ

chave
鍵

jornal
新聞

pintura
絵画

póster
ポスター

rádio
ラジオ

bloco de notas
メモ帳

aspirador
掃除機

cato
サボテン

vela
ろうそく

cozinha
台所

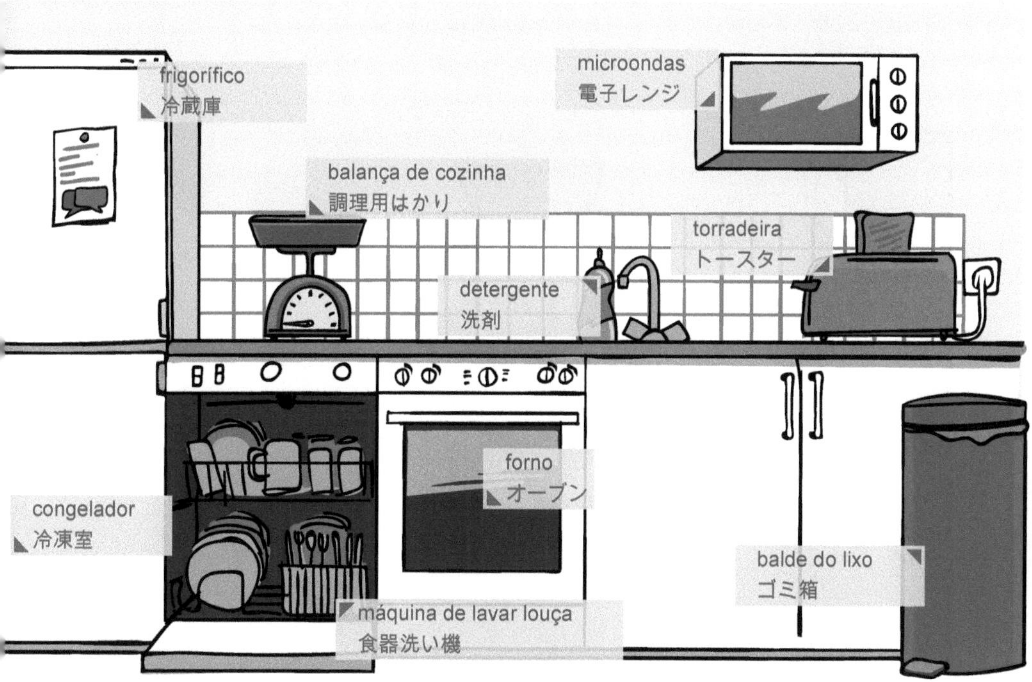
frigorífico
冷蔵庫
microondas
電子レンジ
balança de cozinha
調理用はかり
torradeira
トースター
detergente
洗剤
forno
オーブン
congelador
冷凍室
balde do lixo
ゴミ箱
máquina de lavar louça
食器洗い機

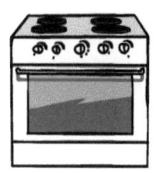

fogão

こんろ

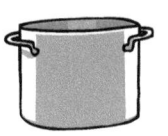

panela

鍋

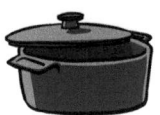

panela de ferro

鉄鍋

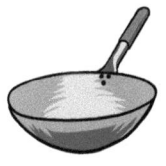

wok / kadai

中華鍋/ カダイ鍋

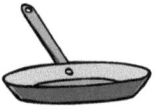

frigideira

フライパン

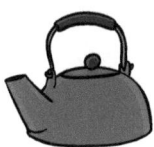

chaleira

やかん

panela a vapor

蒸し器

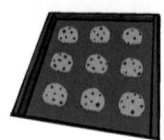

tabuleiro de forno

天板

louça

食器

caneca

マグカップ

tigela

ボウル

pauzinhos

箸

concha de sopa

おたま

espátula

へら

batedor de claras

泡立て器

escorredor

こし器

peneira

ふるい

ralador

すりおろし器

almofariz

すり鉢

churrasqueira

バーベキュー

lareira

かまど

tábua de cortar

まな板

rolo da massa

麺棒

saca-rolhas

栓抜き

lata

缶

abridor de latas

缶切り

luvas de forno

鍋つかみ

lava-loiça

流し

escova

ブラシ

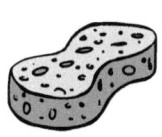

esponja

スポンジ

liquidificador

ミキサー

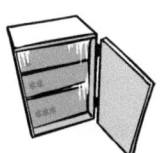

arca frigorífica

冷凍庫

biberão

哺乳瓶

torneira

蛇口

casa de banho
浴室

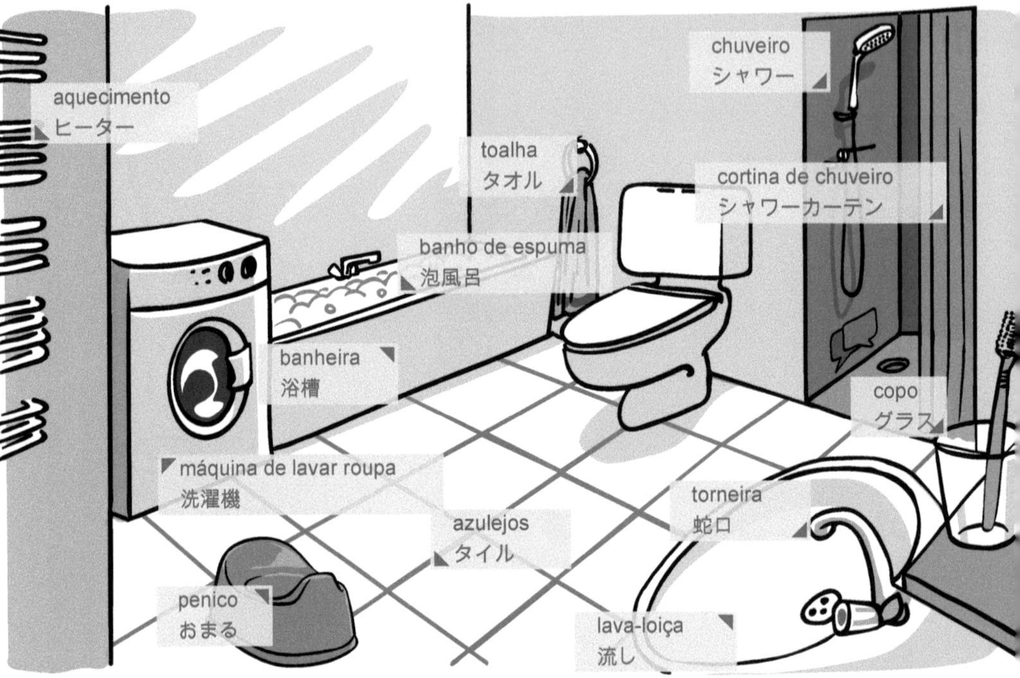

aquecimento
ヒーター
chuveiro
シャワー
toalha
タオル
cortina de chuveiro
シャワーカーテン
banho de espuma
泡風呂
banheira
浴槽
copo
グラス
máquina de lavar roupa
洗濯機
torneira
蛇口
azulejos
タイル
penico
おまる
lava-loiça
流し

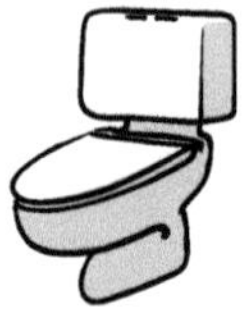

sanita
トイレ

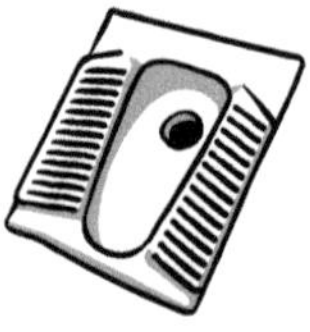

retrete turca
和式トイレ

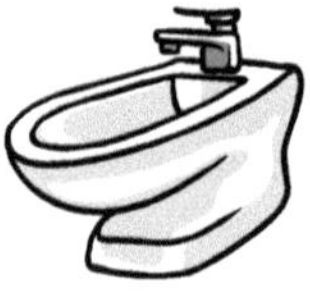

bidé
ビデ

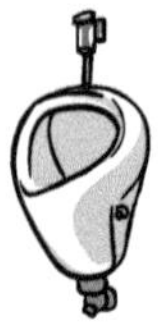

urinol
小便器

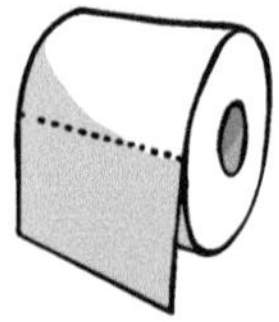

papel higiénico
トイレットペーパー

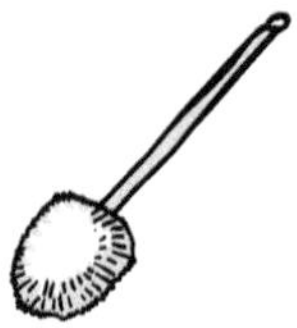

piaçaba
トイレブラシ

escova de dentes

歯ブラシ

pasta de dentes

歯みがき

fio dentário

デンタルフロス

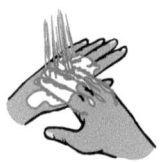

lavar

洗う

chuveiro de mão

シャワーヘッド

duche íntimo

ハンドビデ

bacia

洗面台

escova para as costas

ボディブラシ

sabonete

石鹸

gel de banho

シャワー用ジェル

champô

シャンプー

toalha de rosto

浴用タオル

escoamento

排水口

creme

クリーム

desodorizante

消臭

espelho

鏡

espelho de mão

手鏡

máquina de barbear

かみそり

creme de barbear

シェービング・フォーム

loção pós-barba

アフターシェーブローショ
ン

pente

櫛

escova

ブラシ

secador de cabelo

ドライヤー

spray de cabelo

ヘアスプレー

maquilhagem

化粧

batom

口紅

verniz de unhas

マニキュア

tesoura para unhas

爪切り

perfume

香水

algodão

脱脂綿

nécessaire

洗面用具入れ

tamborete

スツール

balança

体重計

roupão de banho

バスローブ

luvas de borracha

ゴム手袋

tampão

タンポン

penso higiénico

生理用ナプキン

WC químico

ケミカルトイレ

quarto de criança

子供部屋

despertador
目覚まし時計
peluche
ぬいぐるみ
carro de brincar
おもちゃの自動車
chocalho
がらがら
casa de bonecas
ドール・ハウス
presente
プレゼント

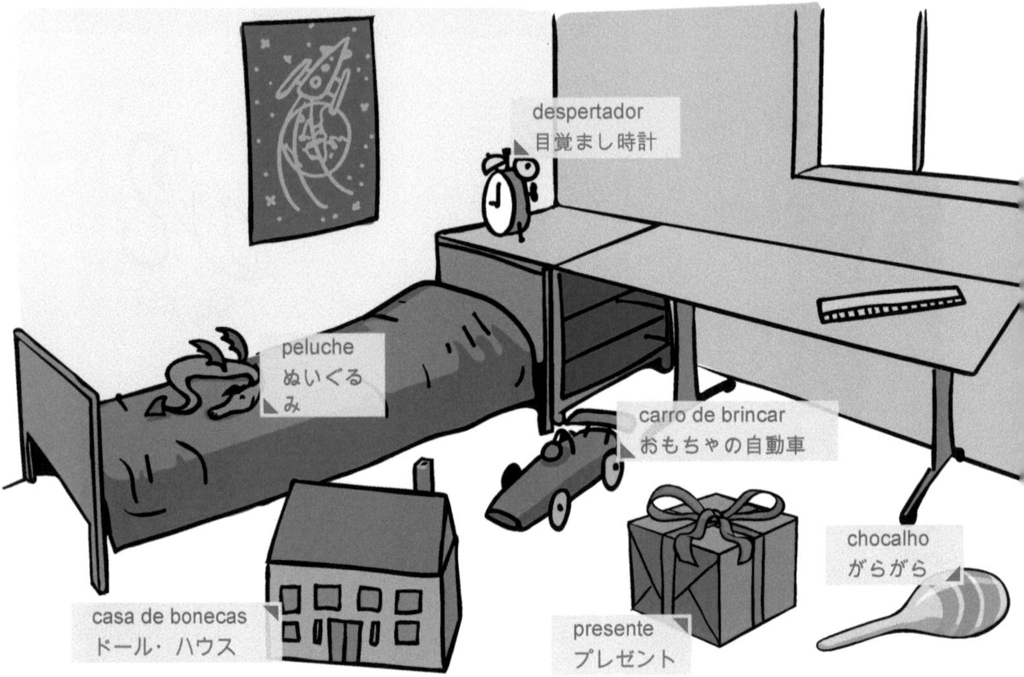

balão

風船

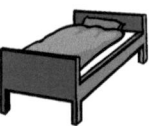

cama

ベッド

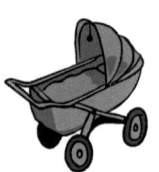

carrinho de bebé

ベビーカー

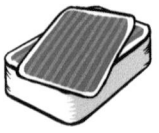

jogo de cartas

カードゲーム

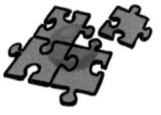

quebra-cabeças

ジグソーパズル

banda desenhada

漫画

peças de Lego

レゴ

blocos de construção

玩具ブロック

figura de ação

アクションフィギュア

fato de bebé

ロンパース

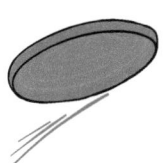

Frisbee

フリスビー

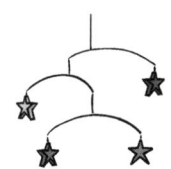

móbile para bebé

モバイル

jogo de tabuleiro

ボードゲーム

dados

さいころ

pista de comboio elétrico

鉄道模型

chupeta

おしゃぶり

festa

パーティー

livro ilustrado

絵本

bola

ボール

boneca

人形

jogar

遊ぶ

caixa de areia

砂場

baloiço

ブランコ

brinquedos

おもちゃ

consola de jogos

ゲーム機

triciclo

三輪車

ursinho de peluche

テディベア

guarda-roupa

衣装ダンス

vestuário

衣服

meias

靴下

meias pelo joelho

ストッキング

meias-calças

タイツ

cachecol
スカーフ

guarda-chuva
雨傘

t-shirt
Tシャツ

cinto
ベルト

botas
ブーツ

chinelos
スリッパ

sapatilhas
スニーカー

sandálias	sapatos	botas de borracha
サンダル	靴	ゴム長靴
cuecas	sutiã	camisola interior
パンツ	ブラ	ベスト

body

ボディースーツ

calças

ズボン

calças de ganga

ジーンズ

saia

スカート

blusa

ブラウス

camisa

シャツ

pulôver

セーター

camisola com capuz

パーカー

blazer

ブレザー

casaco

ジャケット

manto

コート

gabardina

レインコート

traje

服装

vestido

ドレス

vestido de casamento

ウェディングドレス

fato
スーツ

camisa de dormir
ナイトガウン

pijama
パジャマ

sari
サリー

lenço de cabeça
ヘッドスカーフ

turbante
ターバン

burca
ブルカ

cafetã
カフタン

abaya
アバヤ

fato de banho
水着

calções de banho
トランクス

calções
半ズボン

fato de treino
スウェットスーツ

avental
エプロン

luvas
手袋

botão

ボタン

óculos

メガネ

pulseira

ブレスレット

colar

ネックレス

anel

指輪

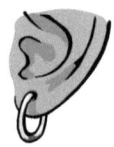

brinco

イヤリング

boné

帽子

cabide

ハンガー

chapéu

帽子

gravata

ネクタイ

fecho de correr

ファスナー

capacete

ヘルメット

suspensórios

サスペンダー

uniforme escolar

制服

uniforme

ユニフォーム

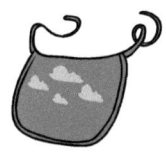

babete

よだれかけ

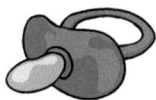

chupeta

おしゃぶり

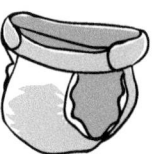

fralda

おむつ

escritório

オフィス

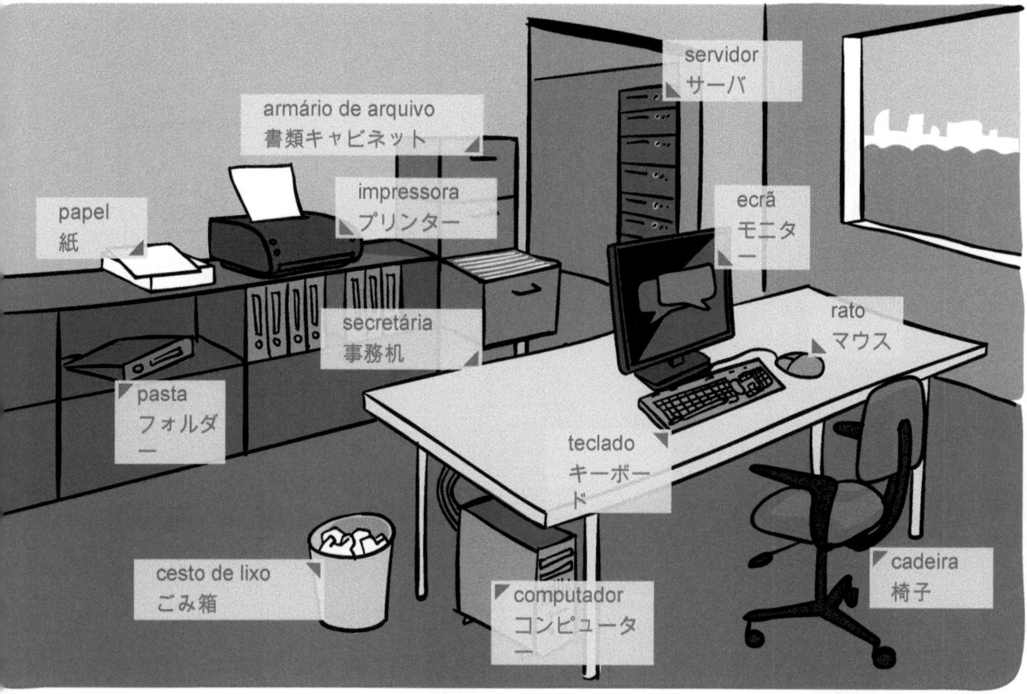
servidor
サーバ
armário de arquivo
書類キャビネット
impressora
プリンター
papel
紙
ecrã
モニター
rato
マウス
secretária
事務机
pasta
フォルダー
teclado
キーボード
cesto de lixo
ごみ箱
computador
コンピューター
cadeira
椅子

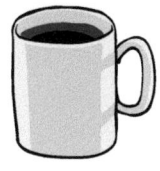

caneca de café

コーヒーマグ

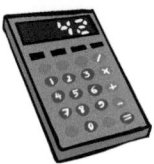

calculadora

計算機

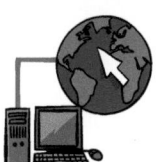

internet

インターネット

computador portátil

ラップトップ

carta

手紙

mensagem

メッセージ

telemóvel

携帯電話

rede

ネットワーク

fotocopiadora

コピー機

software

ソフトウェア

telefone

電話

tomada elétrica

コンセント

fax

ファックス

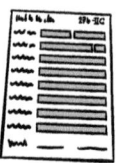

formulário

フォーム

documento

書類

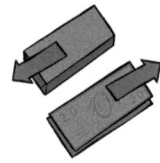

comprar

買う

pagar

支払う

negociar

取引する

dinheiro

お金

dólar

ドル

euro

ユーロ

yen

円

rublo

ルーブル

franco suíço

スイスフラン

renminbi yuan

人民元

rupia

ルピー

caixa de multibanco

キャッシュポイント

casa de câmbio

両替所

ouro

金

prata

銀

petróleo

油

energia

エネルギー

preço

価格

contrato

契約

imposto

税金

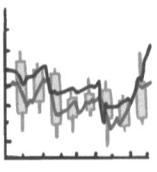

ação

株

trabalhar

働く

empregado

従業員

entidade patronal

雇用主

fábrica

工場

loja

ショップ

profissões
職業

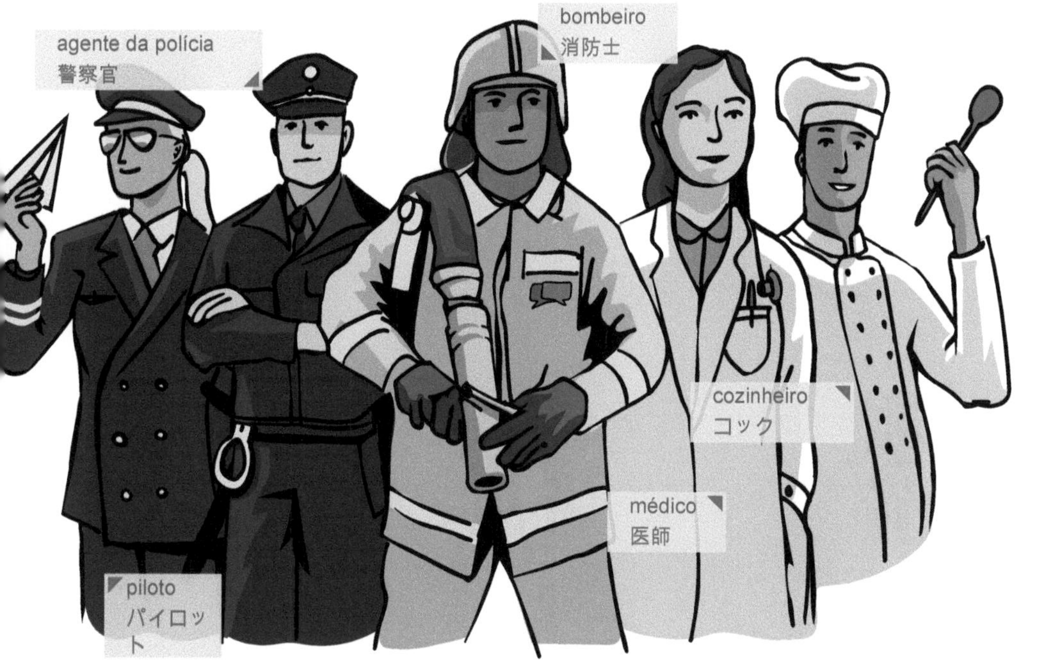

agente da polícia
警察官
bombeiro
消防士
cozinheiro
コック
médico
医師
piloto
パイロット

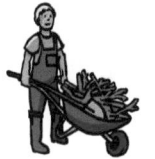

jardineiro

庭師

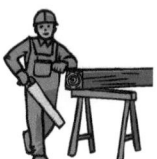

carpinteiro

大工

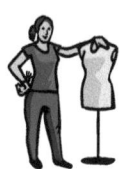

costureira

お針子

juiz

裁判官

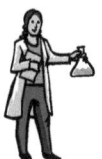

químico

化学者

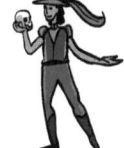

ator

俳優

motorista de autocarro

バスの運転手

motorista de táxi

タクシー運転手

pescador

漁師

empregada de limpeza

掃除婦

telhador

屋根ふき職人

empregado de mesa

ウェイター

caçador

ハンター

pintor

塗装工

padeiro

パン屋

eletricista

電気工

construtor

建設作業員

engenheiro

エンジニア

talhante

肉屋

canalizador

配管工

carteiro

郵便配達人

soldado

軍人

arquiteto

建築家

caixa

レジ係

florista

花屋

cabeleireiro

美容師

controlador de bilhetes

車掌

mecânico

機械工

capitão

キャプテン

dentista

歯科医

cientista

科学者

rabino

ラビ

imã

イスラム導師

monge

修道士

pastor

牧師

ferramentas
道具

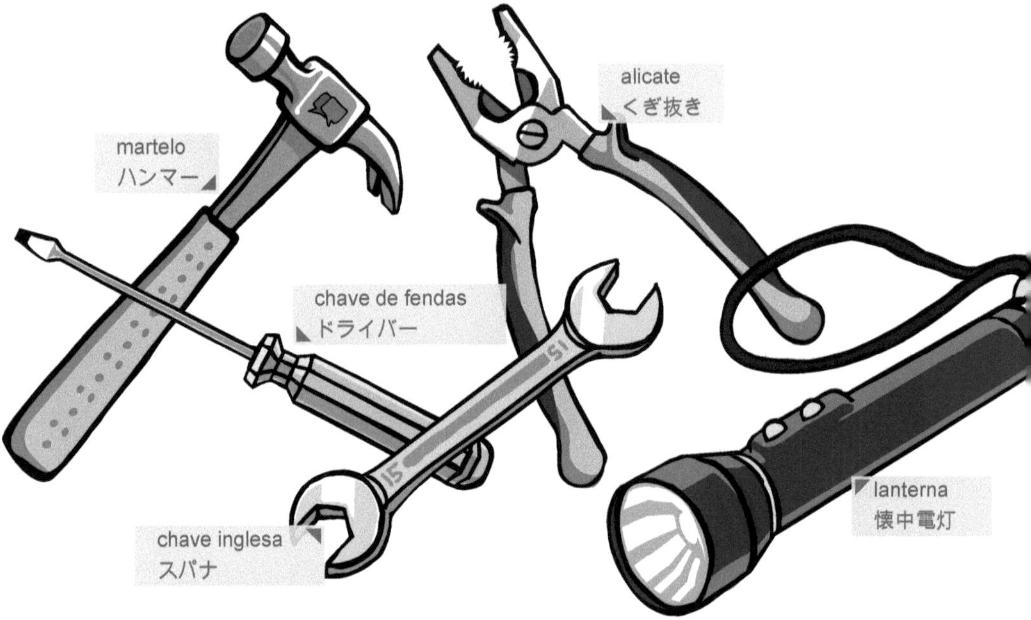

martelo
ハンマー
alicate
くぎ抜き
chave de fendas
ドライバー
chave inglesa
スパナ
lanterna
懐中電灯

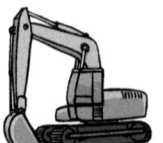

escavadora

掘削機

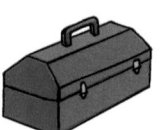

caixa de ferramentas

道具箱

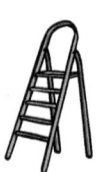

escadote

はしご

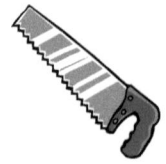

serra

のこぎり

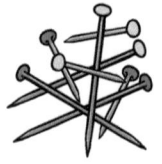

pregos

釘

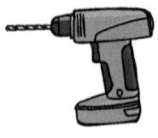

broca

ドリル

reparar

修理する

pá

シャベル

porcaria!

クソ！

pá de lixo

ちりとり

pote de tinta

ペンキ缶

parafusos

ネジ

instrumentos musicais

楽器

altifalante
スピーカー

bateria
打楽器

guitarra
ギター

contrabaixo
コントラバス

trompete
トランペット

piano

ピアノ

violino

バイオリン

baixo

バス

timbales

ティンパニ

tambor

ドラム

teclado

キーボード

saxofone

サックス

flauta

フルート

microfone

マイクロフォン

jardim zoológico
動物園

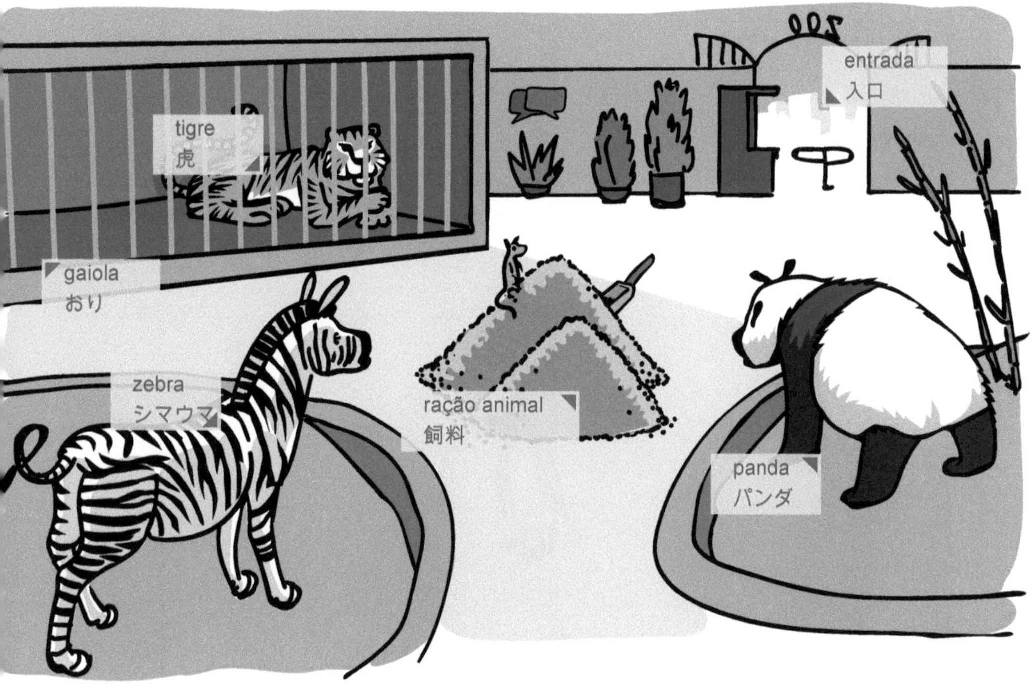

zoo
entrada
入口
tigre
虎
gaiola
おり
zebra
シマウマ
ração animal
飼料
panda
パンダ

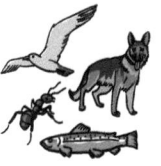

animais
動物

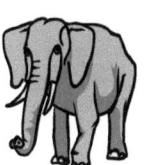

elefante
象

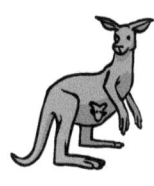

canguru
カンガルー

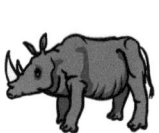

rinoceronte
サイ

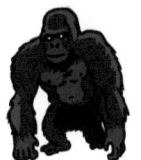

gorila
ゴリラ

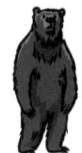

urso
熊

camelo

ラクダ

avestruz

ダチョウ

leão

ライオン

macaco

猿

flamingo

フラミンゴ

papagaio

オウム

urso polar

白クマ

pinguim

ペンギン

tubarão

サメ

pavão

クジャク

cobra

蛇

crocodilo

ワニ

guarda do jardim zoológico

飼育係

foca

アザラシ

jaguar

ジャガー

pónei

ポニー

leopardo

ヒョウ

hipopótamo

カバ

girafa

キリン

águia

鷲

javali

雄豚

peixe

魚

tartaruga

亀

morsa

セイウチ

raposa

狐

gazela

ガゼル

futebol americano
アメフト

ciclismo
サイクリング

ténis
テニス

basquetebol
バスケットボール

natação
水泳

hóquei no gelo
アイスホッケー

boxe
ボクシング

futebol
サッカー

badminton
バドミントン

atletismo
陸上競技

andebol
ハンドボール

esqui
スキー

polo
ポロ

atividades
活動

rir
笑う
saltar
跳ぶ
abraçar
抱きしめる
andar
歩く
cantar
歌う
sonhar
夢見る
rezar
祈る
beijar
キス

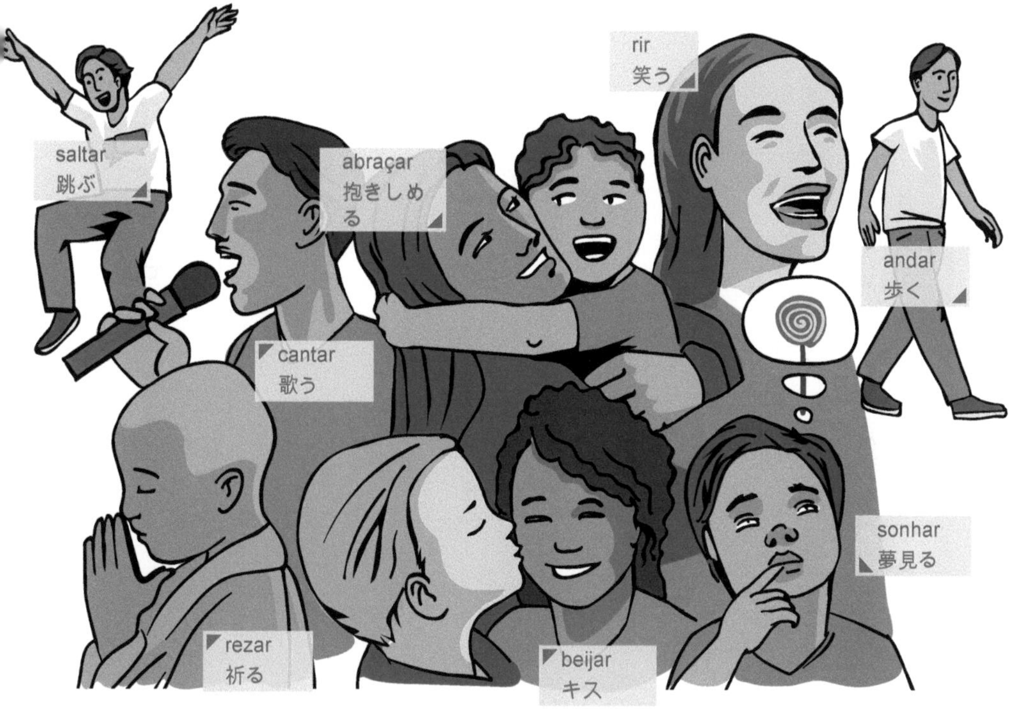

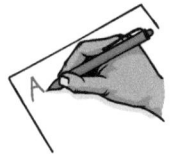

escrever
書く

desenhar
描く

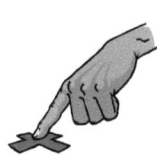

mostrar
示す

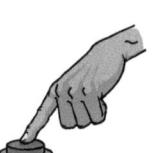

empurrar
押す

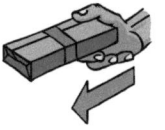

dar
与える

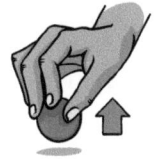

tomar
取る

ter

持っている

fazer

する

ser

ある

ficar de pé

立つ

correr

走る

puxar

引く

remessar

投げる

cair

落ちる

deitar

横たわっている

esperar

待つ

carregar

運ぶ

sentar

座る

vestir

着る

dormir

眠る

acordar

目が覚める

olhar para

見る

chorar

泣く

acariciar

なでる

pentear

櫛ですく

falar

話す

compreender

理解する

perguntar

質問する

ouvir

聞く

beber

飲む

comer

食べる

arrumar

片づける

amar

愛する

cozinhar

料理する

conduzir

運転する

voar

飛ぶ

velejar

ヨットに乗る

calcular

計算する

ler

読む

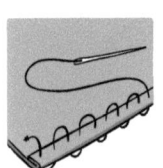

aprender

学ぶ

trabalhar

働く

casar

結婚する

costurar

縫う

escovar os dentes

歯を磨く

matar

殺す

fumar

喫煙する

enviar

送る

avó
祖母

avô
祖父

pai
父

mãe
母

bebé
赤ん坊

filha
娘

filho
息子

convidado

お客様

tia

おば

tio

おじ

irmão

兄弟

irmã

姉妹

corpo
体

testa
ひたい
olho
目
ombro
肩
dedo
指
cara
顔
queixo
あご
mão
手
perna
脚
peito
胸
braço
腕

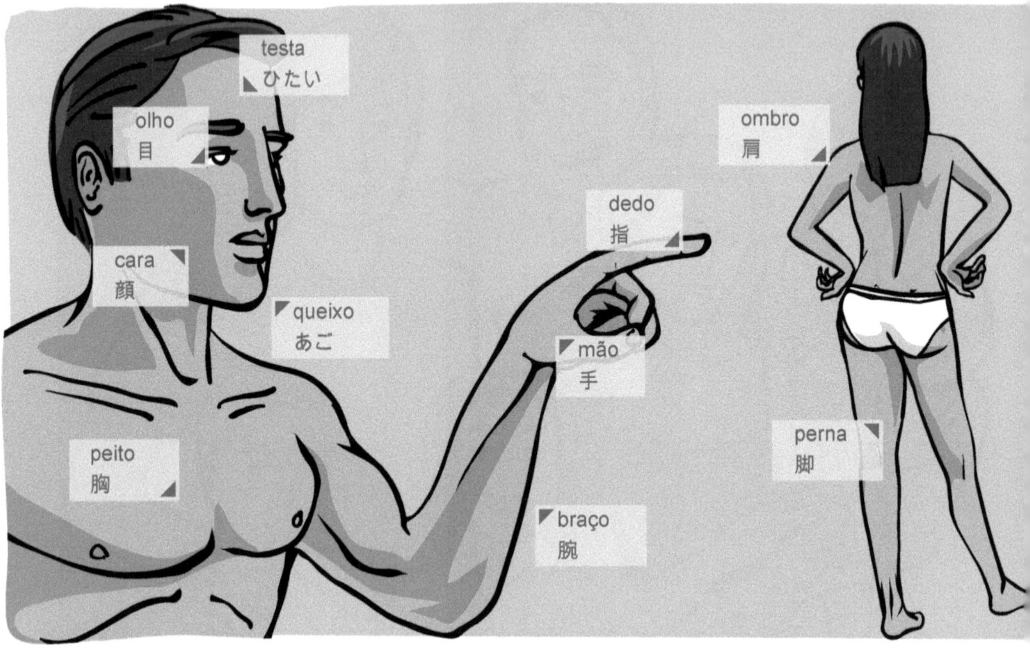

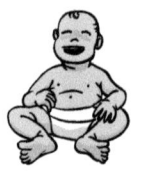

bebé
赤ん坊

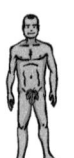

homem
男性

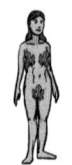

mulher
女性

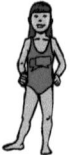

menina
少女

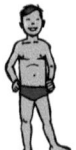

menino
少年

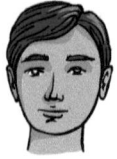

cabeça
頭

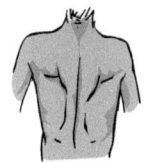

costas

背中

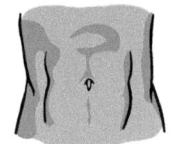

barriga

腹

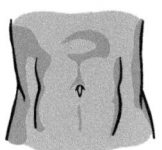

umbigo

へそ

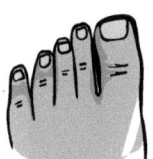

dedo do pé

足指

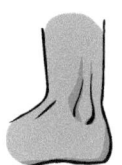

calcanhar

かかと

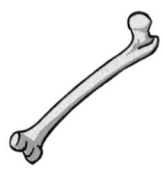

osso

骨

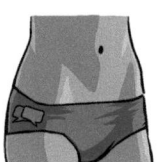

anca

腰

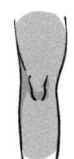

joelho

ひざ

cotovelo

ひじ

nariz

鼻

nádegas

尻

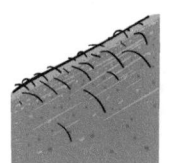

pele

皮膚

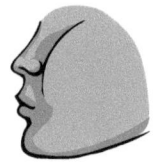

bochecha

頬

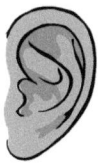

orelha

耳

lábio

唇

boca

口

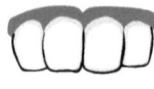

dente

歯

língua

舌

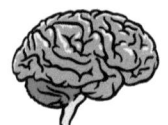

cérebro

脳

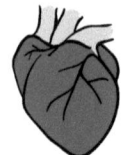

coração

心臓

músculo

筋肉

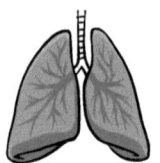

pulmão

肺

fígado

肝臓

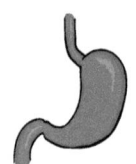

estômago

胃

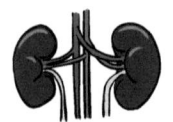

rins

腎臓

relações sexuais

セックス

preservativo

コンドーム

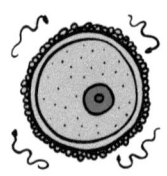

óvulo

卵細胞

esperma

精液

gravidez

妊娠

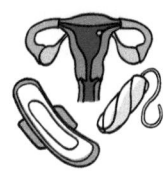

menstruação

月経

vagina

膣

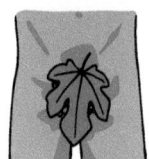

pénis

ペニス

sobrancelha

眉

cabelo

髪

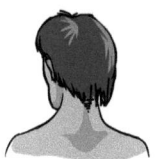

pescoço

首

hospital

病院

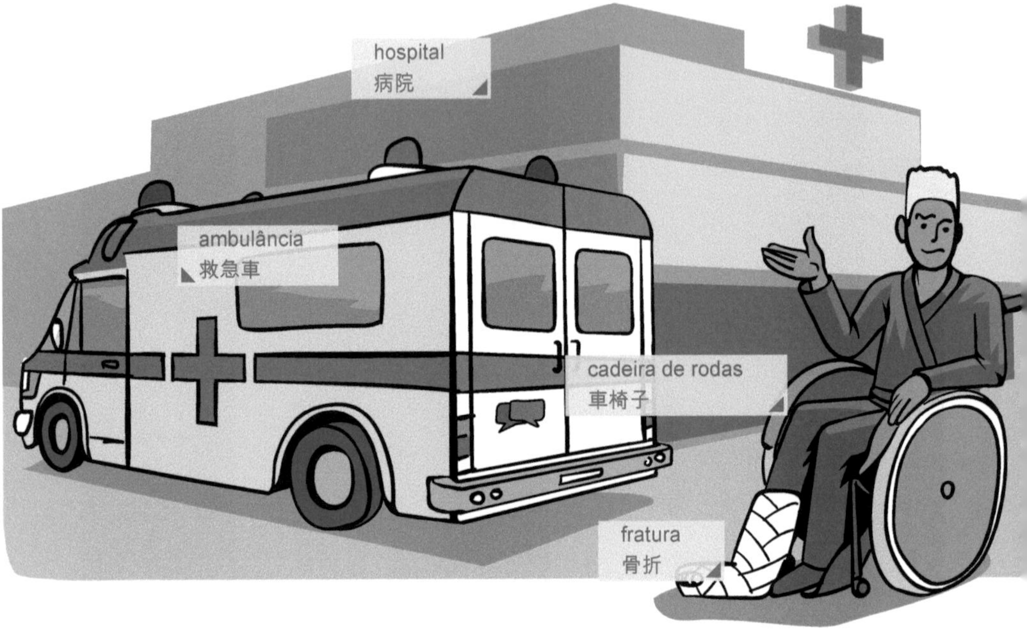

hospital
病院
ambulância
救急車
cadeira de rodas
車椅子
fratura
骨折

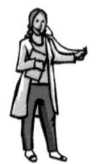

médico

医師

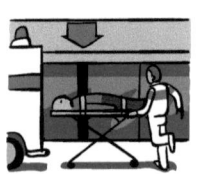

serviço de urgências

救急治療室

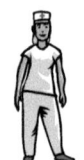

enfermeira

看護師

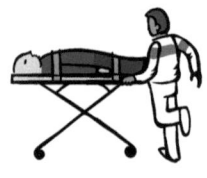

emergência

救急

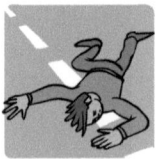

inconsciente

失神

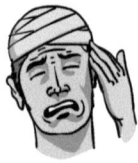

dor

痛み

ferimento

けが

hemorragia

出血

ataque cardíaco

心臓発作

acidente vascular cerebral

脳卒中

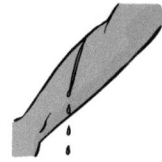

alergia

アレルギー

tosse

咳

febre

熱

gripe

インフルエンザ

diarreia

下痢

dor de cabeça

頭痛

cancro

癌

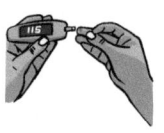

diabetes

糖尿病

cirurgião

外科医

bisturi

外科用メス

operação

手術

hospital - 病院

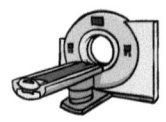

CT
CT

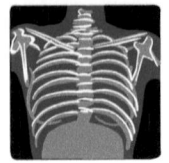

raio x
レントゲン

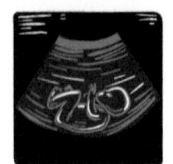

ultrassom
超音波

máscara
マスク

doença
病気

sala de espera
待合室

muleta
松葉づえ

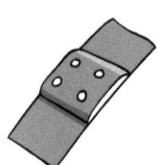

penso rápido
ばんそうこう

ligadura
包帯

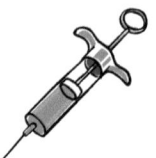

injeção
注射

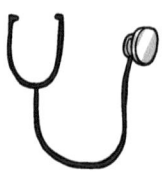

estetoscópio
聴診器

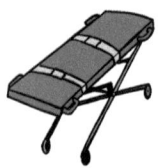

maca
担架

termómetro
体温計

nascimento
出産

excesso de peso
肥満

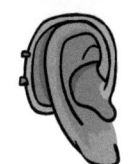

aparelho auditivo

補聴器

desinfetante

消毒剤

infeção

感染

vírus

ウイルス

HIV / SIDA

HIV / エイズ

medicamento

内服薬

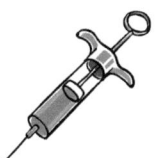

vacinação

予防接種

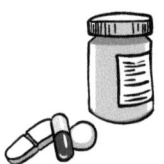

comprimidos

錠剤

pílula

ピル

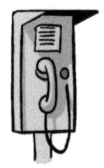

chamada de emergência

緊急電話

dispositivo de medição de
pressão arterial

血圧計

doente / saudável

病気の / 健康な

Socorro!

助けて！

alarme

アラーム

assalto

暴行

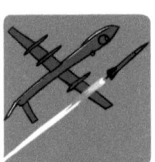

ataque

攻撃

perigo

危険

saída de emergência

非常口

Fogo!

火事だ！

extintor de incêndios

消火器

acidente

事故

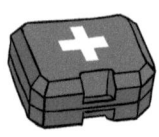

estojo de primeiros socorros

救急箱

SOS

SOS

polícia

警察

Europa

ヨーロッパ

América do Norte

北米

América do Sul

南米

África

アフリカ

Ásia

アジア

Austrália

オーストラリア

Atlântico

大西洋

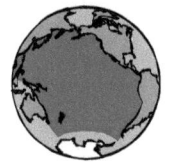

Pacífico

太平洋

Oceano Índico

インド洋

Oceano Antártico

南極海

Oceano Ártico

北極海

Polo Norte

北極

Polo Sul

南極

Antártica

南極大陸

terra

地球

país

陸

mar

海

ilha

島

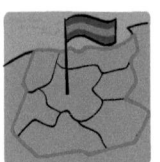

nação

国家

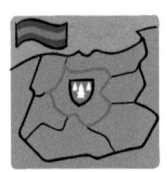

estado

国家

mostrador do relógio

文字盤

ponteiro das horas

短針

ponteiro dos minutos

長針

ponteiro dos segundos

秒針

Que horas são?

何時ですか？

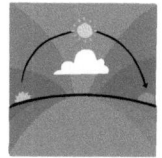

dia

日

tempo

時間

agora

現在

relógio digital

デジタル時計

minuto

分

hora

時間

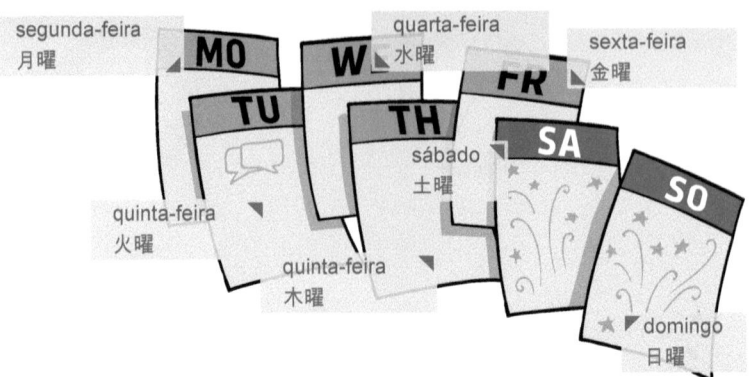

segunda-feira
月曜

quarta-feira
水曜

sexta-feira
金曜

quinta-feira
火曜

quinta-feira
木曜

sábado
土曜

domingo
日曜

ontem

昨日

hoje

今日

amanhã

明日

manhã

朝

meio-dia

昼

entardecer

夜

MO	TU	WE	TH	FR	SA	SU
1	2	3	4	5	6	7
8	9	10	11	12	13	14
15	16	17	18	19	20	21
22	23	24	25	26	27	28
29	30	31	1	2	3	4

dias úteis

営業日

MO	TU	WE	TH	FR	SA	SU
1	2	3	4	5	6	7
8	9	10	11	12	13	14
15	16	17	18	19	20	21
22	23	24	25	26	27	28
29	30	31	1	2	3	4

fim de semana

週末

ano

年

chuva
雨
arco-íris
虹
neve
雪
vento
風
primavera
春
outono
秋
verão
夏
inverno
冬

4.APRIL 11°
5.APRIL 4°
6.APRIL 13°
7.APRIL 8°
8.APRIL 10°

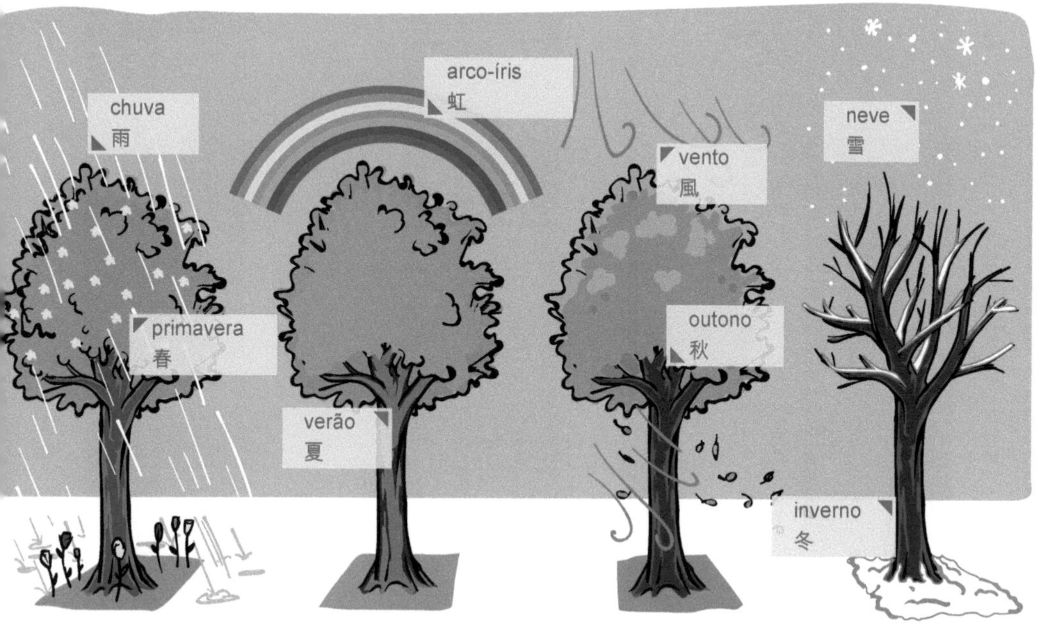

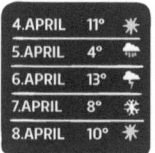

previsão do tempo

天気予報

F C
120 40
90 30
60 20
30 10
0 0
-30 -10
-20

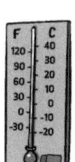

termómetro

温度計

raios de sol

日差し

nuvem

雲

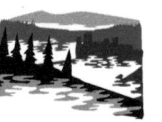

neblina / nevoeiro

霧

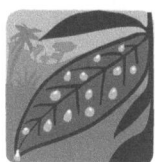

humidade do ar

湿度

relâmpago

雷

trovão

雷

tempestade

嵐

granizo

ひょう

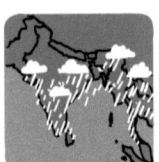

monção

季節風

inundação

洪水

gelo

氷

janeiro

1月

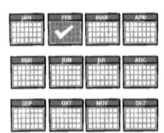

fevereiro

2月

março

3月

abril

4月

maio

5月

junho

6月

julho

7月

agosto

8月

ano - 年

setembro

9月

outubro

10月

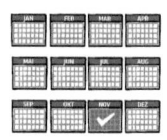

novembro

11月

dezembro

12月

formas

形

círculo

円

quadrado

正方形

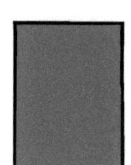

retângulo

長方形

triângulo

三角

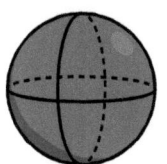

esfera

球

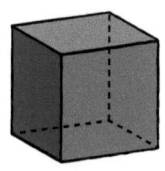

cubo

立方体

branco

白

amarelo

黄

laranja

オレンジ

rosa

ピンク

vermelho

赤

lilás

紫

azul

青

verde

緑

castanho

茶

cinzento

灰色

preto

黒

muito / pouco

多い ／ 少ない

furioso / calmo

怒っている /
落ち着いている

lindo / feio

美しい ／ 醜い

princípio / fim

初め ／ 終わり

grande / pequeno

大きい ／ 小さい

claro / escuro

明るい ／ 暗い

irmão / irmã

兄弟 ／ 姉妹

limpo / sujo

清潔な / 汚い

completo / incompleto

完全な ／ 不完全な

dia / noite

日中 ／ 夜

morto / vivo

死んだ ／ 生きている

largo / estreito

幅広い ／ 狭い

comestível / não comestível

食べられる /
食べられない

mau / gentil

悪意のある / 親切な

entusiasmado / entediado

興奮している /
退屈している

gordo / magro

太った / 痩せた

primeiro / último

最初に / 最後に

amigo / inimigo

友人 / 敵

cheio / vazio

いっぱいの / 空の

duro / macio

硬い / 柔らかい

pesado / leve

重い / 軽い

fome / sede

空腹 / 喉の渇き

doente / saudável

病気の / 健康な

ilegal / legal

違法な / 合法な

inteligente / burro

賢い / 愚かな

esquerda / direita

左に / 右に

perto / longe

近い / 遠い

novo / usado

新しい / 中古の

nada / algo

何もない / 何かある

velho / jovem

老いた / 若い

ligado / desligado

オン / オフ

aberto / fechado

開いている /
閉まっている

baixo / alto

静かな / うるさい

rico / pobre

裕福な / 貧乏な

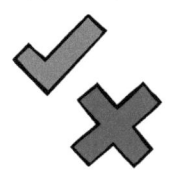

certo / errado

正しい / 間違っている

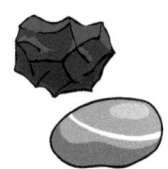

áspero / liso

粗い / なめらか

triste / feliz

悲しい / 幸せな

curto / longo

短い / 長い

lento / rápido

ゆっくり / 速い

molhado / seco

濡れた / 乾いた

ameno / fresco

温かい / 冷たい

guerra / paz

戦争 / 平和

números

数

0

zero

ゼロ

1

um

1

2

dois

2

3

três

3

4

quatro

4

5

cinco

5

6

seis

6

7

sete

7

8

oito

8

9

nove

9

10

dez

10

11

onze

11

12

doze

12

13

treze

13

14

catorze

14

15

quinze

15

16

dezasseis

16

17

dezassete

17

18

dezoito

18

19

dezanove

19

20

vinte

20

100

cem

100

1.000

mil

1000

1.000.000

milhão

100万

言語

inglês
....
英語

inglês americano
....
アメリカ英語

chinês mandarim
....
中国標準語

hindi
....
ヒンディー語

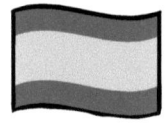

espanhol
....
スペイン語

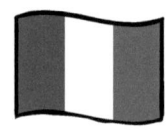

francês
....
フランス語

árabe
....
アラビア語

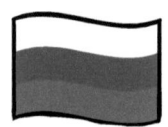

russo
....
ロシア語

português
....
ポルトガル語

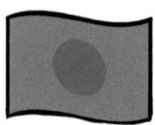

bengalês
....
ベンガル語

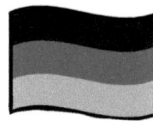

alemão
....
ドイツ語

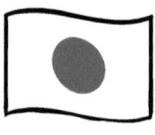

japonês
....
日本語

eu

私

tu

あなた

ele / ela

彼 / 彼女 / それ

nós

私たち

vós

あなたたち

eles / elas

彼ら

quem?

誰？

o quê?

何？

como?

どうやって？

onde?

どこ？

quando?

いつ？

nome

名前

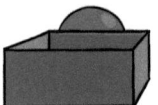

atrás

後ろ

em

中

à frente de

前

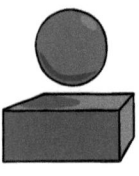

sobre

上

em cima

上

debaixo

下

ao lado

横

entre

間

lugar

場所